Wolfgang Ratgeber

Geld

Wie man mit Hilfe
der besten Kapitalanlage
die Abgeltungssteuer umgehen kann

Bibliografische Information der Deutschen Bibliothek: Die Deutsche Bibliothek verzeichnet diese Publikation in der Deutschen Nationalbibliografie; detaillierte bibliografische Daten sind im Internet über http://dnb.ddb.de abrufbar.

© 2008 Wolfgang Ratgeber
Herstellung und Verlag: Books on Demand GmbH
Norderstedt
ISBN 978-3-8370-3112-6
Umschlagbild: Wolfgang Ratgeber

Inhalt

Einleitung

Wolfgang Ratgeber, Verfasser des Bestsellers 'Millionär durch das kleine Einmaleins der Börse und die drei besten Aktien-Strategien' testet in diesem zweiten Buch konkurrierende Kapitalanlagen nicht nur unter dem aktuellen Aspekt der Abgeltungssteuer sondern auch unter Berücksichtigung des magischen Dreiecks Rendite, Risiko und Liquidität. Die Testsiegerin erweist sich als beste Steuerstrategie: Unter ihrem Dach können die Leserinnen und Leser Geld mit hoher Rendite, geringem Risiko und guter Liquidität anlegen, ohne Abgeltungssteuer zahlen zu müssen.

Besser 25 % von x als 42 % von nix

Liebe Anne,
du hast in deinem Brief drei Fragen zu der am
1. Januar 2009 in Kraft tretenden Abgeltungssteuer
gestellt. Erstens möchtest du wissen, was man unter
diesem Begriff versteht. Bevor ich dir die Abgeltungssteuer erkläre, berichte ich, wie sie entstand.
Gemäß dem herrschenden Steuerregime müssen
Großverdiener eine Spitzensteuer bis 42 Prozent auf
Kapitalerträge zahlen. Diese Anleger erwiesen sich
jedoch oft als Spitzenkünstler beim Umgehen der
Kapitalertragsteuer, indem sie steuerpflichtige Erträge in steuerfreie Kursgewinne umwandelten. Die
Spitzensteuer von 42 Prozent stand zwar auf dem
Papier, der Fiskus ging jedoch oft leer aus. Deshalb
wurde im Bundesfinanzministerium die Losung aus-
gegeben:
"Besser 25 % von x als 42 % von nix."
Vor diesem Hintergrund erblickt am 1. Januar 2009
eine Steuer das Licht der Welt, die den Namen 'Abgeltungssteuer' erhält. Diesen Namen bekommt sie,
da mit ihr die Steuerschuld vollständig abgegolten
ist.

Die Abgeltungssteuer gehört zu den Quellensteuern. Von einer Quellensteuer spricht man, wenn die sprudelnden Einkünfte direkt an der Quelle (Bank) abgeschöpft werden. Ich weiß nicht, ob 'sprudeln' der passende Ausdruck für deine Kapitalerträge ist oder du eher von 'fließen' beziehungsweise 'tröpfeln' sprechen würdest. Sei's drum. Ab dem 1.1.2009 zieht deine Bank automatisch die neue Steuer ab.

Durch die Abschöpfung an der Quelle soll das angestrebte Ziel erreicht werden: Die Erfassung aller Kapitalerträge unabhängig von ihrer Herkunft.

Die Bank leitet den abgeschöpften Betrag an das Finanzamt weiter, was für dich bedeutet: In die Steuererklärung für das Jahr 2009 brauchst du deine Kapitalerträge nicht mehr eintragen. Dies hat eine erfreuliche Nebenwirkung: Wenn du eine Million im Lotto gewinnst, wird die Freude über deren Zinsen nicht durch einen höheren Steuersatz getrübt, da die üppig sprudelnden Kapitalerträge in deiner Steuererklärung nicht auftauchen.

Die Abgeltungssteuer besteht aus der Einkommenssteuer (25%) und dem Solidaritätszuschlag (5,5 % der Einkommensteuer). Wenn du einer Kirche angehörst, die Kirchensteuer verlangt, kommt diese hinzu (je nach Bundesland 8 - 9 % der Einkommenssteuer).

Einkommenssteuer und Soli werden automatisch an dein Finanzamt überwiesen, die Kirchensteuer nur, wenn du der Bank unter Angabe deiner Konfession eine entsprechende Weisung erteilst.

Auf einem Spaziergang durch den Hofgarten, in dem die von blitzenden Schneekristallen überzuckerten, bunt blühenden Krokusse den nahen Frühling ankündigten, begegnete ich gestern 'Edelzwicker', den ich auf einer Reise an die französische Riviera kennen gelernt hatte. Er hieß eigentlich Karl und verdankte seinen Spitznamen der Tatsache, dass er vom ersten bis zum letzten Tag in jedem Restaurant auf die Frage nach seinem Getränkewunsch antwortete:

"Haben Sie einen Edelzwicker?"

Wenn der Kellner dann erklärte, diesen elsässischen Wein leider nicht zu haben, rümpfte er pikiert die Nase.

Über Beausoleil machten wir Halt auf einem Aussichtspunkt, wo man einen traumhaften Blick auf die karminroten Villendächer, das azurblaue Meer und die blendend weißen Luxusjachten im Hafen von Monaco hat. Als Karl durch sein Fernglas mehrere deutsche Jachten erspähte, machte er sich mit wütender Stimme Luft:

"Da liegen diese prominenten Steuerflüchtlinge auf dem Deck ihrer Luxusjachten und verprassen ihr in Deutschland verdientes Millionenvermögen, ohne einen einzigen Cent für den deutschen Fiskus zu berappen."

Sein Gesicht rötete sich. Die Adern auf seiner Stirn schwollen bedrohlich an. Als ich ihn fragte, weshalb er sich denn mitten in seinem Urlaub so aufrege, wurde seine Stimme amtlich:

"Gestatten, Steuerinspektor Karl Zwickl, Abteilung Steuerfahndung."

Welcher Glücksfall, diesem Steuerexperten zwei Tage nach dem Eingang deines Briefes im Hofgarten zu begegnen. Ich wollte mir die Chance nicht entgehen lassen, mit ihm über die von dir gestellten Fragen zu sprechen. Deshalb lud ich ihn in die Prominentenherberge 'Vierjahreszeiten' zum Mittagessen ein.

Als der Oberkellner ihm die Getränkekarte anbieten wollte, sagte er:

"Haben Sie einen Edelzwicker?"

Der Oberkellner nickte bejahend, Karl Zwickl nickte

anerkennend. Das Restaurant hatte den Qualitätstest bestanden.

Zur Eröffnung unseres Gesprächs gab ich deine zweite Frage an ihn weiter:

"Ändert sich die Höhe des Sparer-Freibetrags nach der Abgeltungssteuereinführung?"

"Nein. Ab dem 1.1.2009 werden der bisherige Sparar - Freibetrag und die bisherige Werbungskosten-Pauschale zu einem Sparer-Pauschbetrag vereint. Dieser beträgt für Ledige 801 €, für Verheiratete 1602 €. Um den Sparer-Pauschbetrag geltend machen zu können, musst du bei deiner Bank, beziehungsweise, wenn du mehrere Konten hast, bei allen Banken Freistellungsanträge einreichen. Die Summe aller Anträge darf den Betrag von 801 € nicht überschreiten."

"Wenig entzückt werden die Anleger darüber sein, dass mit dem im Sparer-Pauschbetrag enthaltenen Werbungskosten-Pauschbetrag alle im Zusammenhang mit Kapitaleinkünften entstehenden Werbungskosten abgegolten sind."

"In der Tat können die tatsächlichen Werbungskosten, zum Beispiel bei Aktionären die Fahrten zu den Hauptversammlungen der Aktiengesellschaften, nicht mehr abgeschrieben werden."

Auch die dritte, von dir gestellte Frage, gab ich an Karl weiter:

"Kann man die Abgeltungssteuer senken, indem man erlittene Verluste mit Gewinnen verrechnet?"

"Mit der Abgeltungssteuereinführung werden die Möglichkeiten der Verrechnung von Verlusten mit Gewinnen eingeschränkt. Bisher konntest du Verluste aus Kapitalanlagen mit Gewinnen aus allen anderen Einkunftsarten verrechnen. Zukünftig darfst du Verluste aus Kapitalanlagen nur noch mit Gewinnen aus Kapitalerträgen verrechnen, zum Beispiel Kursverluste aus Fondsanteilverkäufen mit Zinserträgen."

"Die Aktionäre werden noch stärker zur Kasse gebeten. Kursverluste von Aktien dürfen zukünftig nur noch mit Kursgewinnen von Aktien verrechnet werden."

"Deshalb schichten die schlauen Anleger ihre Aktien in Aktienfonds um, deren Verluste mit allen abgeltungssteuerpflichtigen Erträgen verrechnet werden können."

"Gibt es auch eine positive Nachricht aus der Abteilung Verlust/Gewinn ?"

"Sogar zwei. Bei Fremdwährungsanleihen erkennt das Finanzamt zukünftig Verluste durch Währungsschwankungen an. Diese können mit Zinserträgen verrechnet werden.

Bei ausländischen, im Depot einer deutschen Bank liegenden Aktien, werden zukünftig die von den Auslandsdividenden abgezogenen Quellensteuern automatisch mit der Abgeltungssteuer verrechnet. Damit entfällt für die Aktionäre das aufwendige Erstattungsverfahren."

"Muss ich die Verlust / Gewinnrechnungen selbst durchführen?"

"Nein. Die Bank führt für dich einen sogenannten Verlustverrechnungstopf. Erst wenn eventuelle, in deinem Depot entstandene Verluste durch Gewinne ausgeglichen und dein Sparer - Pauschbetrag voll ausgeschöpft ist, werden für die danach entstehenden Gewinne Abgeltungssteuern an den Fiskus abgeführt. Jede deiner Banken führt einen Verrechnungstopf für dich. Eine Verrechnung zwischen deinen Banken ist nicht möglich. Wenn du Verluste bei der Bank A mit Gewinnen bei der Bank B verrechnen willst, musst du dir von der Bank eine Verlustrechnung ausstellen lassen und, wie wir Finanzbeamten zu sagen pflegen, den Weg der Veranlagung beschreiten. Falls du dir keine Verlustrechnung ausstellen lässt, wird der Verlust auf das nächste Jahr übertragen."

"Was ändert sich für die geschlossenen Immobilienfonds durch die Abgeltungssteuer?"

"Für diese Fonds ergeben sich keine Veränderungen. Bezüglich der offenen Immobilienfonds habe ich zum Schluss noch einen Tipp für dich: Der beim Kauf eines offenen Immobilienfonds bezahlte Zwischengewinn kann innerhalb eines Kalenderjahres mit der Ausschüttung verrechnet werden, wodurch sich die Steuerbelastung erheblich verringert. Unter Zwischengewinn versteht man den seit der letzten Ausschüttung entstandenen Gewinn. Deshalb rate ich dir, offene Immobilienfonds vor dem Ausschüttungstermin zu kaufen, da der Zwischengewinn dann am höchsten ist."

Nach dem 5 Gang Menü bedankte sich Karl für die Einladung, wobei er es nicht versäumte, die exquisite Qualität des vom Sommelier kredenzten Edelzwickers in den höchsten Tönen zu rühmen. Wir vereinbarten, uns bald zu einem weiteren Gespräch über die Abgeltungssteuer zu treffen.

Verlierer und Gewinner der Abgeltungssteuer

Liebe Anne,
um die Kellnerin nicht dem Risiko der obligaten Edelzwicker-Frage auszusetzen, lud ich Karl beim zweiten Treffen zu Kaffee und Kuchen ein. Unter einem vom Föhn geputzten, azurblauen Himmel fuhren wir am Ufer des Starnberger Sees entlang. Am Ortsausgang von Tutzing bogen wir zur 700 m hohen Ilkahöhe ab. Dort hatten wir auf der Terrasse des Forsthauses eine großartige Aussicht auf den saphirblauen See und die von weiß schimmernden Schneemützen bedeckten Alpenspitzen. Der Föhn bescherte uns einen Panoramablick von den Chiemgauer Alpen bis zur Zugspitze.
Als Eröffnung des Gesprächs zitierte ich das Urteil von Stefan Seip, dem Hauptgeschäftsführer des Fondsverbandes BVI, über die Abgeltungssteuer:
"Deutschland wird mit dieser undifferenzierten Besteuerung auch langfristiger Veräußerungsgewinne zu einem Hochsteuerland für Aktienanleger."
"Das muss ich allerdings bestätigen. Aktienbesitzer sind die Hauptverlierer und zwar aus folgenden Gründen: Bisher waren die beim Verkauf realisierten

Kursgewinne steuerfrei, wenn zwischen Kauf und Verkauf eine einjährige Spekulationsfrist eingehalten wurde. Zukünftig müssen alle Kursgewinne versteuert werden. Bisher wurde im Rahmen des Halbeinkünfteverfahrens nur die Hälfte der Dividende besteuert. Zukünftig muss die ganze Dividende versteuert werden."

"Der ohnehin sehr niedrige Sparer - Pauschbetrag wird dann rasch verbraucht sein."

"So ist es. Der bisherige Sparer - Freibetrag wurde nur durch Zinsen und die Hälfte des Dividendenbetrags verbraucht. Der zukünftige Sparer - Pauschbetrag wird durch Zinsen, den gesamten Dividendenbetrag und die beim Aktienverkauf erzielten Kursgewinne verbraucht."

"Weshalb werden die Zertifikate zu den Verlierern gerechnet?"

"Weil der Stichtag für die Konservierung des Veräußerungsgewinns vom 1.1.2009 auf den 15.3.2007 verlegt wurde. Wenn du ein Zertifikat vor dem 15. März 2007 gekauft hast, ist der Veräußerungsgewinn bei Einhaltung der einjährigen Spekulationsfrist steuerfrei."

"Hauptgewinner der Abgeltungssteuer sind nach

meinem Eindruck die gut verdienenden Investoren."

"Dies gilt besonders, wenn sie ihr Geld in Wertpapiere mit Zinserträgen investieren. Bei solchen Anlagen, zum Beispiel Festgeld, Tagesgeldkonto, Anleihen erfolgte die Besteuerung bisher auf der Basis des persönlichen Einkommenssteuersatzes. Ein Teil der Anleger musste eine Spitzensteuer bis zu 42 Prozent zahlen. An deren Stelle tritt in Zukunft die 25-prozentige Abgeltungssteuer. Das bedeutet eine Steuersenkung von 40 Prozent."

"Im Gegensatz hierzu sind Anleger mit einem Steuersatz unter 25 Prozent die Dummen, da sie die höhere Abgeltungssteuer bezahlen müssen."

"In diesen Fällen kann jedoch die Differenz zwischen der Abgeltungssteuer und dem Steuersatz im Rahmen der Steuererklärung zurück gefordert werden. Dies ist freilich mit einem Arbeitsaufwand verbunden. Erstens muss man den persönlichen Steuersatz ermitteln, indem man berechnet, wie hoch der prozentuale Anteil der im letzten Jahr gezahlten Steucr bezogen auf das zu versteuernde Einkommen ist. Beide Zahlen findet man im Steuerbescheid. Zweitens sind dem Finanzamt alle Kapitalerträge,

Kursgewinne und die übrigen Einkünfte zu melden. Drittens ist die bezahlte Abgeltungssteuer durch eine Bescheinigung der Bank nachzuweisen. Das Finanzamt ermittelt dann durch eine Günstigerprüfung, ob sich bei Einbeziehung der Kapitalerträge in die Steuererklärung eine günstigere Steuer ergibt als bei Anwendung der Abgeltungssteuer."

"Ich halte die Abgeltungssteuer für unsozial, da sogar Kleinanleger durch sie finanzielle Verluste erleiden. Derzeit gibt es eine Freigrenze von 512 €, bis zu der Spekulationsgewinne, die innerhalb eines Kalenderjahres anfallen, nicht versteuert werden. Mit der Abgeltungssteuereinführung wird diese Freigrenze gestrichen."

"Dies bedeutet in der Tat einen finanziellen Verlust für Kleinanleger. Deshalb sollten diese prüfen, ob sie einen Antrag auf Nichtveranlagung stellen können. Geringverdiener, deren Jahreseinkommen unter dem Grundfreibetrag liegt, können eine Nichtveranlagungsbescheinigung beim Finanzamt beantragen. Im Fall des Vorliegens einer solchen Bescheinigung werden die Kapitalerträge von der Bank ohne Steuerabzug gutgeschrieben."

"Wie werden eigentlich die Veräußerungsgewinne

in den anderen Ländern Europas versteuert?"

"In Belgien, den Niederlanden und der Schweiz sind diese Gewinne steuerfrei. In Österreich und Luxemburg sind die Gewinne bei Einhaltung einer Spekulationsfrist steuerfrei. Diese beträgt in Österreich 1 Jahr, in Luxemburg 6 Monate. In Italien ist die Gewinnbesteuerung mit 12,5 Prozent nur halb so hoch wie in Deutschland. In Großbritannien sind Gewinne bis zu 8800 Pfund steuerfrei. In Frankreich sind Gewinne bis zu 20 000 € steuerfrei. Gewinne in unbegrenzter Höhe sind steuerfrei, wenn zwischen Kauf und Verkauf eine Spekulationsfrist von 8 Jahren eingehalten wird."

"Die Besteuerung der Veräußerungsgewinne ist in allen von dir genannten Ländern günstiger als in Deutschland."

"Deshalb sollten die Deutschen wenigstens von der günstigen Übergangsregelung Gebrauch machen. Bei allen Wertpapieren, die vor dem 1.1.2009 gekauft werden, bleibt der Kursgewinn beim späteren Verkauf steuerfrei, wenn die einjährige Spekulationsfrist eingehalten wird. Dividenden und Investmentfondsausschüttungen, die nach dem 1.1.2009 ausgezahlt werden, unterliegen jedoch der Abgeltungssteuer und zwar auch dann, wenn die ausschüttenden Wertpapiere vor 2009 gekauft wurden."

"Meine Cousine bewohnt ein Penthouse - Apartment, von dem man eine schöne Aussicht auf den Englischen Garten hat. Da sie nächstes Jahr nach Cannes umzieht, will sie die Wohnung verkaufen. Muss sie für den Veräußerungsgewinn Abgeltungssteuer zahlen?"

"Wie lange wohnt sie in diesem Apartment ?"

"Fünf Jahre."

"Dann kann sie den Gewinn steuerfrei einstreichen. Der Veräußerungsgewinn unterliegt nicht der Abgeltungssteuer, wenn der Besitzer seine Immobilie zwei Jahre selbst bewohnt hat. Anders verhält es sich bei vermieteten Wohnungen. In diesem Fall ist der Veräußerungsgewinn nur steuerfrei, wenn zwischen Kauf und Verkauf die Spekulationsfrist von 10 Jahren eingehalten wird. Bezüglich der offenen Immobilienfonds habe ich zum Schluss noch einen Tipp für dich: Wenn du die Anteilscheine bei der Fondsgesellschaft kaufst, musst du einen hohen Ausgabeaufschlag zahlen. Beim Kauf über die Börse musst du keinen Ausgabeaufschlag zahlen."

Liebe Anne,

aus diesem Gespräch mit Karl ziehe ich folgende Schlussfolgerung: Die Abgeltungssteuer ist ungerecht, da Anleger mit hohem Einkommen mehr von ihr profitieren als Anleger mit niedrigerem Einkommen. Rüdiger von Rosen, der Geschäftsführer des deutschen Aktieninstituts, erklärte, die Abgeltungssteuer treffe besonders Anleger mit mittleren Einkommenssätzen. Deshalb werde ich ab jetzt nach legalen Wegen suchen, auf denen ich diese ungerechte Steuer umgehen kann. Sobald ich diese Strategien gefunden habe, werde ich sie dir mitteilen.

Ein unbekannter Autor hat den Griff der Öffentlichen Hand in die Taschen des Steuerzahlers so ausgedrückt: 'Geld macht nur kurz in Deiner Tasche Halt - auf dem Weg zum Finanzamt.'

In einem Urteil des Bundesgerichtshofes von 1965 steht der Satz:

'Wer die Pflicht hat, Steuern zu zahlen, hat auch das Recht, Steuern zu sparen.'

Mit diesem Urteil rechtfertige ich mein ab dem 1.1.2009 geltendes Motto:

'Lieber auf legale Weise nix als 25 % von x.'

Karl erzählte mir während des Spaziergangs auf der

Ilkahöhe Anekdoten über den Berliner Bankier Carl Fürstenberg, der durch seine geistreichen Bonmots berühmt wurde. Einige davon erzähle ich dir zum Schluss:

Herr A., ein Neureicher mit einem umgekehrt proportionalen Verhältnis von Vermögen und Intelligenz, erkundigte sich regelmäßig bei Fürstenberg nach den neuesten Börsentipps. Erstaunlicherweise tat er jedoch stets das Gegenteil von dem, wozu der Bankier ihm riet. Deshalb hatte er an der Börse wenig Erfolg und noch weniger Ansehen. Als er wieder einmal "einen heißen Tipp" haben wollte, sagte Fürstenberg unwirsch:

"Küssen Sie mir doch den Nabel."

"Das verstehe ich nicht."

"Gerade Sie müssten das eigentlich sehr gut verstehen. Sie tun doch immer das Gegenteil von dem, was ich sage."

Eines Tages wurde Herr A. im Grunewald von der Kutsche des Bankiers überholt. Da er dringend einen Börsentipp benötigte, lief er schnaufend hinter der Kutsche her. Als er sie schließlich eingeholt hatte, keuchte er:

"Ich habe doch laut genug nach Ihnen gerufen."

"Sie haben eben keinen guten Ruf."

Ein anderes Mal begegnete Herr A. dem Bankier vor der Börse , als dieser in seine Kutsche stieg.

"Können wir nicht zusammen fahren? " fragte er.

"Schon beim bloßen Gedanken fahre ich zusammen", rief Fürstenberg ihm aus der anrollenden Kutsche zu.

Herr G., ein Mitglied der Berliner Börse erhielt von einem völlig unbedeutenden Zwergstaat den Titel Generalkonsul. Er legte größten Wert darauf, stets mit dem korrekten Titel angesprochen zu werden. Auf einem Empfang in Fürstenbergs Bank kam es zu einer Begegnung zwischen Herr A. , dem Börsianer mit dem schlechtesten Ruf und Herr G. , dem Börsianer mit dem höchsten Titel, der neben Fürstenberg stand. Herr A. hob sein Champagnerglas und sagte mit verehrungsvoller Stimme:

"Ich gestatte mir, einen kräftigen Schluck auf Ihr Wohl zu trinken, Herr Konsul."

"Sie verstehen aber auch nichts", sagte Fürstenberg mit einem ironischen Lächeln. "Julius Cäsar war Konsul. Herr G. ist Generalkonsul."

Strategien gegen die Abgeltungssteuer

Liebe Anne,

ich schreibe diesen Brief auf der Terrasse eines hoch über dem Tegernsee liegenden Hotels. Das Licht der Abendsonne färbt die schneebedeckten Bergspitzen glühend rot. In der Abendstille höre ich nur das leise Tuckern eines kleinen Schiffes, das auf seiner Fahrt von Bad Wiessee nach Rottach-Egern einen weißen Gischtschleier durch das dunkelblaue Wasser zieht. Bei meiner heutigen Seerundfahrt erfuhr ich: Die kleine Flotte des Tegernsees befördert ihre Gäste nicht nur im Sommer sondern auch täglich im Winter.

"Es gibt nur einen Fall, in dem ich nicht fahre: wenn der See zugefroren ist", erklärte mir ein Kapitän. "Gott sei Dank kommt das sehr selten vor."

Am letzten Wochenende begegnete ich deiner Cousine Laura auf dem Marienplatz. Ich lud sie zum Abendessen in das Restaurant 'Spatenhaus' ein. Glücklicherweise wurde in der 'Kleinen Opernstube' gerade ein Tisch am Fenster frei, wo wir einen sehr schönen Blick auf den Max-Joseph-Platz und das im

Scheinwerferlicht leuchtende Opernhaus hatten.

Auf meine Frage, ob sie mir eine Strategie gegen die Abgeltungssteuer empfehlen könne, antwortete Laura:

"Wenn du Wertpapiere vor dem 1.1.2009 kaufst, bleibt deren Veräußerungsgewinn für unbegrenzte Zeit abgeltungssteuerfrei. Für diese Strategie eignen sich Papiere mit einer sicheren, konstanten Wertsteigerung wie zum Beispiel offene Immobilienfonds."

"Diese Strategie wurde mir auch von einem Steuerinspektor empfohlen. Ich danke dir jedoch für den Tipp, dafür offene Immobilienfonds einzusetzen. Die Strategie der Konservierung von Veräußerungsgewinnen sollte durch die Strategie der doppelten Depotführung ergänzt werden."

"Kannst du mir diese Strategie erklären?"

"Gerne. Bei der Veräußerung von Wertpapieren gilt das First in - First out Verfahren, kurz FiFo. Bei Wertpapierverkäufen wird unterstellt: Die Papiere, welche als erste im Depot landen, werden auch als erste wieder verkauft. Wenn sich abgeltungssteuerfreie Papiere aus Käufen vor dem 1.1.2009 und abgeltungssteuerpflichtige Papiere aus Käufen nach diesem Stichtag im gleichen Depot befinden und wenn innerhalb der einjährigen Spekulationsfrist ein Teil dieser Papiere verkauft wird, so wären nach dem Fifo Prinzip die vor dem Stichtag gekauften Papiere betroffen. Obwohl diese Anspruch auf die Konservierung ihres abgeltungssteuerfreien Veräußerungsgewinns haben, müssten sie versteuert werden, da der Verkauf innerhalb der Spekulationsfrist erfolgt. Um einen solchen Fall zu verhindern, solltest du für Wertpapierkäufe nach dem 1.1.2009 ein zweites Depot eröffnen, um die abgeltungssteuerfreien Papiere des ersten Depots von den abgeltungssteuerpflichtigen Papieren des zweiten Depots zu trennen."

"Meine erste Strategie gegen die Abgeltungssteuer habe ich durch den Abschluss einer wertpapiergebundenen Lebensversicherung realisiert."

"Wie funktioniert das?"

"Ich habe bei der Lebensversicherung ein Depot eröffnet. Ich kann nun selbst bestimmen, in welchen Wertpapieren, zum Beispiel Aktien oder Fonds, die von mir eingezahlten Beiträge angelegt werden sollen. Die in meinem Bankportfolio enthaltenen Wertpapiere habe ich auf das Depot der Lebensversicherung übertragen. Dieses wird übrigens als Sondervermögen geführt. Meine Wertpapiere sind daher im

Fall eines Konkurses der Lebensversicherung nicht betroffen."

"Welche Steuervorteile hat diese Strategie?"

"Versteuern muss ich die Wertsteigerung der Versicherung bis zum Zeitpunkt der Auszahlung. Wenn diese nach meinem 60. Geburtstag und mindestens zwölf Jahre nach Vertragsabschluss erfolgt, kann ich 50 Prozent des Wertzuwachses steuerfrei kassieren."

"Ich habe auch eine Maßnahme gegen die Abgeltungssteuer ergriffen und zwar durch den Kauf eines Dachfonds."

"Was ist das?"

"Dachfonds investieren nicht direkt in Wertpapiere sondern vereinen Anteile verschiedener Fonds unter einem Dach."

"Welche Steuervorteile hast du?"

"Wenn der Dachfondsmanager bei Umschichtungen Veräußerungsgewinne erzielt, unterliegen diese nicht der Abgeltungssteuer. Als Dachfondsteilhaber kann ich also abgeltungssteuerfreie Erträge kassieren."

"Meine Freundin Sonja hat mich über eine ähnliche Strategie informiert. Sie hat ihre Papiere in einen Vermögensverwalter - Fonds umgeschichtet. Wenn der Verwalter dieses Fonds bei Umschichtungen Veräußerungsgewinne erzielt, unterliegen diese - wie im Fall des Dachfondsmanagers - nicht der Abgeltungssteuer. Meine Freundin kann also über den Vermögensverwalter - Fonds abgeltungssteuerfreie Erträge einnehmen."

"Eine weitere Strategie besteht darin, die Zinseinkünfte wegen der niedrigeren Besteuerung in die Zeit nach dem 1.1.2009 zu verlagern. Dies ist möglich durch abgezinste Papiere, zum Beispiel zweijährige Finanzierungsschätze des Bundes oder Bundes - schatzbriefe vom Typ B, da bei diesen der Zins erst am Ende der Laufzeit fällig wird."

Als wir das Restaurant verließen, kamen uns festlich gekleidete Besucher des Nationaltheaters entgegen, die ihren Opernabend noch in der Opernstube ausklingen lassen wollten.

Liebe Anne, mit diesem bunt gemischten Strategienstrauß habe ich mein Versprechen erfüllt, dich über legale Strategien gegen die ungerechte Abgeltungssteuer zu informieren.

Da dir die Fürstenberg - Anekdoten meines letzten Briefes gefallen haben, erzähle ich zum Schluss noch einige:

In der Nachkriegszeit war die Reservierung eines Schlafwagenplatzes äußerst schwierig. Aufgrund höchster Protektion hatte der Bankier für die Fahrt von Warschau nach Berlin ein Abteil im Schlafwagen der ersten Klasse bekommen. Als der Zug anfuhr, stürzte Herr M., ein Berliner Geschäftsmann, den der Bankier kurz zuvor bei einem Geschäftsessen im Hotel Adlon kennen gelernt hatte, auf ihn zu:

"Herr Fürstenberg, ich sehe gerade, Ihr Oberbett ist frei. Ich zahle Ihnen jeden Preis, wenn Sie es mir überlassen."

In diesem Moment erinnerte sich Fürstenberg, dass Herr M. beim Essen furchtbar laut geschmatzt hatte, was in ihm die Assoziation eines noch lauteren Schnarchens weckte. Nachdenklich blickte er ihn an und sagte:

"Ich will mir den Vorschlag überschlafen."

Als er im Zugrestaurant Platz nahm, sagte der am Nebentisch sitzende Herr M.:

"Der Schweinebraten schmeckt hervorragend."

"Das habe ich bereits am Eingang des Restaurants gehört", erwiderte Fürstenberg.

Als der Zug am Morgen im Grenzbahnhof hielt, wachte er durch das Quietschen der bremsenden

Räder auf. Er hörte die schneidende Stimme eines Schaffners:

"Grenzstation, Passkontrolle!"

Einem menschlichen Bedürfnis folgend verließ er das Abteil. Am Ende des Gangs saß Herr M. auf seinem Koffer, übernächtig, bleich und so in sich zusammengesunken, als ob er gerade einen Schlag auf sein Genick bekommen hätte.

"Wenn ich Sie so sitzen sehe, tut es mir nachträglich leid, Ihnen mein Oberbett nicht angeboten zu haben", sagte Fürstenberg.

"Die Nacht auf dem Gang war ja nicht so schlimm. Viel schlimmer ist, dass der Schaffner mich soeben zusammengestaucht hat, weil ich gestern vergaß, meinen Pass an der Hotelrezeption abzuholen. Dieser sture Beamte und preußische Paragraphenreiter war weder durch meine Bitten noch durch ein Bestechungsangebot in Schwindel erregender Höhe zu bewegen, mich nach Deutschland einreisen zu lassen."

In diesem Augenblick kam der Schaffner aus einem benachbarten Zugabteil. Der Bankier ging zu ihm und Herr M. bemerkte völlig verblüfft, dass er nur wenige Worte mit ihm austauschte. Danach kam dieser auf ihn zu und tippte mit dem Finger an seine Mütze:

"Sie können einreisen."

Herr M. wäre dem Bankier am liebsten um den Hals gefallen. Er ging zu ihm und drückte seine Hand:

"Herzlichen Dank, Herr Fürstenberg. Aber was haben Sie denn zu diesem sturen, preußischen Beamten gesagt?"

"Ich habe ihm einen dienstlichen Befehl erteilt. Und er hat geantwortet: Ja, wenn es ein dienstlicher Befehl ist … "

Kapitalanlagen: Gold Silber Bronze

Liebe Anne,

gern denke ich an die letzte Woche zurück, die ich mit dir zusammen in deiner Heimatstadt Berlin verbringen durfte. Du hast mir die wichtigsten Sehenswürdigkeiten gezeigt. Der Panoramablick von der Reichstagskuppel auf die deutsche Hauptstadt wird mir unvergesslich bleiben. Ich brenne darauf, dir nun auch die Highlights von München zu zeigen. Hoffentlich haben meine Schilderungen der Ilkahöhe und des Tegernsees in dir den Wunsch geweckt, auch die schöne Umgebung der bayerischen Hauptstadt kennen zu lernen. Du wirst sie ja schon bald erleben, da du in der nächsten Woche zu mir kommst.

Im zweiten Brief stellte ich fest: Aktien gehören zu den Verlierern, festverzinsliche Wertpapiere jedoch zu den Gewinnern der Abgeltungssteuer. Hieraus könntest du den nahe liegenden Schluss ziehen: Eine sinnvolle Strategie besteht darin, Aktien in festverzinsliche Wertpapiere umzutauschen. Dies wäre jedoch eine Fehlentscheidung und zwar aus folgendem Grund:

Die durchschnittliche Rendite der Aktien lag in den letzten 50 Jahren 2 Prozent über der durchschnittlichen Rendite von festverzinslichen Wertpapieren. Bei einem kurzfristigen Anlagezeitraum hat dieser Zinsunterschied nur eine geringe Auswirkung auf die erzielbaren Endbeträge. Langfristig ist jedoch aufgrund des Zinseszinseffekts der Unterschied sehr groß. Der Endbetrag einer Anlage mit 9 Prozent Rendite übertrifft den Endbetrag einer Anlage mit 7 Prozent Rendite in 10 Jahren um 40 Prozent, in 20 Jahren um 173 Prozent und in 30 Jahren um 565 Prozent. Die Umschichtung von Aktien in festverzinsliche Wertpapiere wäre also ein Verlustgeschäft, das im Lauf der Zeit immer größer werden würde.

Dieses Beispiel zeigt:

Die Abgeltungssteuer darf nicht das einzige Kriterium bei Kapitalanlageentscheidungen sein. Derzeit besteht die Gefahr, dass sich Anleger aus Furcht vor dem drohenden Damoklesschwert der Abgeltungssteuer für eines der angebotenen 'Steuersparmodelle' entscheiden, ohne das magische Dreieck Rendite, Risiko und Liquidität in ihre Entscheidung einzubeziehen.

Ich möchte daher die Kapitalanlageformen Aktien,

festverzinsliche Wertpapiere, Rentenfonds und offene Immobilienfonds unter Berücksichtigung der Kriterien Rendite, Abgeltungssteuer, Risiko und Liquidität vergleichen.

Für alle vier Anlageformen gilt:

Ihre Einkünfte führen ab 2009 nicht mehr zu einer Steuerprogression, also zu einem höheren Steuersatz, da sie in der Steuererklärung nicht auftauchen.

Welche Rangfolge ergibt sich für Aktien, Rentenfonds und offene Immobilienfonds, wenn man sie unter dem Renditeaspekt betrachtet?

Eine Statistik des Bundesverbandes Investment und Asset Management (BVI) für den Zeitraum 1997 bis 2007 gibt uns eine Antwort auf diese Frage. Die durchschnittliche Jahresrendite betrug bei

Aktienfonds Deutschland	6,2 %
internationalen Aktienfonds	5,2 %
Aktienfonds Europa	4,6 %
offenen Immobilienfonds	4.1 %
Rentenfonds	3,9 %

Da die Ausschüttungen der offenen Immobilienfonds ganz oder teilweise von der Steuer befreit sind, ist der Freibetrag erst bei einer höheren Anlagesumme verbraucht als bei den Rentenfonds. Ein Renditevergleich dieser beiden Anlageformen muss daher im Hinblick auf die Rendite nach Steuern erfolgen. Im Bereich von Anlagesummen, die bei Rentenfonds bereits zu einer Versteuerung der Ausschüttung führen, bei offenen Immobilienfonds jedoch noch nicht, erhöht sich der Renditevorsprung der offenen Immobilienfonds gegenüber den Rentenfonds.

Insgesamt sind Aktien unter dem Renditeaspekt die Gewinner der Goldmedaille.

Welche Rangfolge ergibt sich für die 4 Anlageformen unter dem Aspekt der Abgeltungssteuer?

Das Bundesfinanzministerium hat in einer Erklärung auf die Erhöhung des Steuersatzes für Aktionäre hingewiesen:

'Dividendenbezieher müssen in Zukunft 100 % statt bisher 50 % der Dividendeneinnahmen versteuern. Damit steigt ihre steuerliche Belastung von derzeit maximal 22,5 % auf den dann einheitlichen Satz von 25 %.'

Auch auf die Erträge von festverzinslichen Wertpapieren und Rentenfonds wird der einheitliche Satz von 25 % erhoben.

Eine Ausnahme machen nur die offenen Immobilienfonds. Bei ihnen ist die Ausschüttung ganz oder teilweise von der Steuer befreit.

Bezüglich der Abgeltungssteuer sind offene Immobilienfonds die Gewinner der Goldmedaille.

Welche Rangfolge ergibt sich für die 4 Anlageformen
unter dem Aspekt des Risikos?

Bei Aktien ist das Kursverlustrisiko um so geringer,
je länger das Papier im Depot liegt. Dies lässt sich
durch das Renditedreieck des deutschen Aktieninstituts belegen. Dieses Dreieck zeigt die jährlichen
Durchschnittsrenditen, die ein dem DAX nachgebil-
detes Wertpapierdepot erwirtschaftet hätte, wenn es
in einem beliebigen Jahr zwischen 1983 und 2006
gekauft und in einem beliebigen späteren Jahr
verkauft worden wäre. Das Dreieck besteht aus 300
Feldern. Gewinne sind als blaue Felder, Verluste als
rote Felder und Renditen um 0 als weiße Felder dar-
gestellt. Bei 87 Prozent handelt es sich um blaue
Gewinnfelder, bei 10 Prozent um rote Verlustfelder.
Auffällig ist, dass sich die roten Verlustfelder am
Rand des Dreiecks befinden; hier beträgt die durchschnittliche Anlagedauer nur 5 Jahre. Professor
Richard Stehle hat den Zusammenhang zwischen

Anlagedauer und Kursverlustrisiko am Beispiel der im DAX enthaltenen Aktien für den Zeitraum 1948 bis 2005 untersucht. Nach einer Anlagedauer von 10 Jahren gab es nur noch in 7 Fällen einen Verlust; nach 15 Jahren nur noch in 1 Fall; nach 16 Jahren gab es nur noch Gewinner.

Die durchschnittlichen, jährlichen Wertschwankungen für Aktien, Rentenfonds und offene Immobilienfonds lassen sich aus einer Statistik des Bundesverbandes Investment und Asset Management (BVI) für den Zeitraum von 1996 bis 2006 ablesen. Sie betrugen bei

Aktienfonds Deutschland	23.5 %
Aktienfonds weltweit	18,5 %
Aktienfonds Europa	18,2 %
internationalen Rentenfonds	5,2 %
Euro - Rentenfonds	2,8 %
offenen Immobilienfonds	0,8 %

Bei festverzinslichen Wertpapieren kann es während der Laufzeit zu Kursverlusten kommen, die zum Zeitpunkt der Rückzahlung jedoch ausgeglichen sind.

Offene Immobilienfonds zeichnen sich durch eine minimale Wertschwankung aus und sind unter dem Risikoaspekt die Gewinner der Goldmedaille.

Welche Rangfolge ergibt sich für die 4 Anlageformen bezüglich der Liquidität?

Wenn man unter Liquidität die kurzfristige, verlustlose Verfügbarkeit des angelegten Kapitals versteht, zeigt sich natürlich ein enger Zusammenhang zwischen dem Kursverlustrisiko und der Liquidität. Da Aktien, Rentenfonds und festverzinsliche Wertpapiere erhebliche Kursverluste erleiden können, haben sie eine schlechte Liquidität. Hierbei haben festverzinsliche Wertpapiere aufgrund ihrer gleich hohen, jährlichen Zinszahlungen eine bessere Liquidität als Rentenfonds, bei denen die Höhe der jährlichen Ausschüttungen unterschiedlich ist. Die konstante Wertsteigerung der offenen Immobilienfonds amortisiert die beim Kauf an der Börse anfallenden Kosten in kurzer Zeit. Danach können sie ohne Verlust verkauft werden.

Im Hinblick auf die Liquidität sind offene Immobilienfonds die Gewinner der Goldmedaille.

Zusammenfassend lässt sich feststellen:

Gesamtsieger sind die offenen Immobilienfonds, da

sie unter dem Aspekt der Abgeltungssteuer, des Risikos und der Liquidität die Gewinner der Goldmedaille und unter dem Renditeaspekt die Gewinner der Silbermedaille sind.

Die Inflation erreichte in Deutschland 2008 den höchsten Stand seit 13 Jahren. Offene Immobilienfonds werden auch als 'Betongold' bezeichnet, da sie als Sachwerte einen Schutz gegen die inflationsbedingte Geldentwertung bieten. Wertsicherungsklauseln in den Mietverträgen garantieren die Ankoppelung der Mieteinnahmen an die Lebenshaltungskosten. Bei steigender Inflation steigen auch die Mieteinnahmen.

Zum Schluss erzähle ich dir wieder einige Fürstenberg - Anekdoten:

Der Bankier war ein Pünktlichkeitsfanatiker. In Berlin kursierte das Gerücht :

'Die Kutsche Fürstenbergs fährt jeden Morgen um 9 Uhr durch das Brandenburger Tor.'

Dieses Gerücht drang bis an die Ohren des Kaisers, der nach dem Motto lebte:

'L'exactitude est la politesse des rois : Pünktlichkeit ist die Höflichkeit der Könige.'

Eines Morgens begegneten sich die Kutschen beider

am Brandenburger Tor. Der Kaiser grüßte Fürstenberg, den er durch viele Empfänge am Hof kannte, mit einem huldvollen Winken. Danach zog er seine Taschenuhr heraus, um die Pünktlichkeit des Bankiers zu überprüfen. Diese war jedoch stehen geblieben. Er stellte sie auf 9 Uhr.

Als um 12 Uhr die Glocke der Nikolaikirche zu schlagen begann, zog er die Uhr aus seiner Tasche. Beide Zeiger standen auf der Ziffer 12.

Der Pünktlichkeitsfanatiker Fürstenberg kam ziemlich ins Schwitzen, als seine Kutsche auf der Fahrt von seiner im Grunewald liegenden Villa zu einer Autorenlesung im Hotel Adlon in einen Stau geriet.

Als er mit halbstündiger Verspätung eintraf, sah er am Eingang mehrere junge Männer, die sich laut unterhielten.

"Pst. Sprechen Sie bitte leiser, meine Herren", sagte Fürstenberg. "Sie sehen doch: ein Teil der Zuhörer schläft bereits."

Bei dem nach der Lesung stattfindenden Stehempfang begegnete ihm ein Geheimrat, der stolz auf seine Ähnlichkeit mit Gerhart Hauptmann war, von dem man wiederum wusste, dass er seine Ähnlichkeit mit dem Olympier von Weimar gern zur Schau stellte. Fürstenberg bezeichnete diesen Geheimrat in seinem Bekanntenkreis nur als 'Imitation der Imitation'.

Der Geheimrat wollte wissen, welchen Eindruck Fürstenberg von der Lesung des französischen Schriftstellers Jules Huret habe. Dieser hatte in wenigen Monaten Bücher über mehrere europäische Hauptstädte veröffentlicht.

"Da er ständig unter Zeitdruck schreibt, neigt er zu Verallgemeinerungen", antwortete Fürstenberg. "Er schreibt zum Beispiel, dass die Berlinerinnen groß und rothaarig sind und kurze Röcke tragen, wenn er am Ausgang des Bahnhofs Friedrichstraße eine solche Dame stehen sah."

Wie man die Abgeltungssteuer umgehen kann

Liebe Anne,

gestern war ich auf der Ilkahöhe, um unseren Tisch für das kommende Wochenende reservieren zu lassen. Während ich die weißen Gischtkreise betrachtete, die ein Motorboot in den blauen See malte, wurde mir bewusst: In den vergangenen Wochen hatte ich zwar einige Wege zur Umgehung der Abgeltungssteuer gefunden, nicht jedoch den von mir gesuchten Königsweg. Was ich nicht wusste: Ich suchte unter den publizierten Strategien gegen die Abgeltungssteuer einen Königsweg, der mir schon längst von Steuerinspektor Zwickl auf dem Präsentierteller serviert worden war. Als ich seine auf der Ilkahöhe und im Hotel 'Vierjahreszeiten' gemachten Aussagen noch einmal in Ruhe Revue passieren ließ, fiel bei mir endlich der Groschen: Ich brauchte nur noch das, was er mir über die offenen Immobilienfonds gesagt hatte, zum Puzzle der besten Steuerstrategie zusammenfügen. Unter ihrem Dach kann man große Beträge mit hoher Rendite, geringem Risiko und guter Liquidität anlegen, ohne Abgeltungssteuer zahlen zu müssen.

Die Entdeckung dieser legalen Steueroase werden wir im Hotel 'Vierjahreszeiten' mit einer Flasche des von Karl so geschätzten Edelzwickers feiern.

Bevor ich dich über offene Immobilienfonds informiere, muss ich dir den Unterschied zwischen geschlossenen und offenen Immobilienfonds erklären: Bei geschlossenen Immobilienfonds werden die finanziellen Mittel durch den Verkauf einer begrenzten Zahl von Anteilen aufgebracht. Bei offenen Immobilienfonds ist die Zahl der ausgegebenen Anteile nicht begrenzt.

Beim offenen Immobilienfonds handelt es sich um ein Grundstückssondervermögen, das von einer Kapitalanlagegesellschaft betreut wird. Diese unterliegt der Kontrolle durch die Bundesanstalt für Finanzdienstleistungsaufsicht.

Der Anlageschwerpunkt liegt im Bereich von Gewerbeimmobilien (Bürohäuser, Einkaufszentren, Hotels). Wohnimmobilien spielen nur eine minimale Rolle.

Die amerikanische Immobilienkrise wurde durch Wohnimmobilien verursacht. Weil diese bei offenen Immobilienfonds eine minimale Rolle spielen, hatte die amerikanische Immobilienkrise keine negativen

Auswirkungen auf die Immobilienfonds. Während der lawinenartigen Ausbreitung dieser Krise im Jahr 2007 glänzten die deutschen Immobilienfonds durch Spitzenerträge: Nach einer Statistik des Bundesverbands Investment und Asset Management (BVI) erzielten sie eine Durchschnittsrendite von 5,6 %. Damit übertrafen sie sogar die meisten Aktienfonds.

Die Rendite der offenen Immobilienfonds beruht auf den Wertsteigerungen ihrer Immobilien und den Gewinnen aus Mieteinnahmen, Zinserträgen und Immobilienverkäufen, die einmal jährlich an die Anteilsinhaber ausgeschüttet werden.

Im Jahr 2007 gab es offene Immobilienfonds, welche die durchschnittliche Rendite von 5,6 % erheblich übertrafen, beispielsweise Grundbesitz Europa (ISIN DE0009807008) : 15,44 %, Uniimmo Deutschland (ISIN DE0009805507) : 8,58 %, UBS Euroinvest (ISIN DE0009772616) : 7,83 %, Hausinvest Europa (ISIN DE0009807016) : 7,44 %.

Du wirst nun fragen: Wo kann ich Fonds mit der höchsten Rendite finden?

Die Suche ist am einfachsten über www.onvista.de.

Du gibst zunächst die Wertpapier - Kenn - Nummer

(WKN) eines Immobilienfonds ein, zum Beispiel die WKN des 'Hausinvest Europa' : 980701.

Auf der Eingangsseite des Fonds findest du unter dem Text 'Performancerangliste des Anlageschwerpunkts' mehrere Links. Über sie kannst du Listen aller Fonds aufrufen, die denselben Anlageschwerpunkt haben, wie der 'Hausinvest Europa' Fonds. In diesen Listen sind die Fonds in einer Rangfolge entsprechend ihrer Rendite angeordnet.

Je höher bei einem offenen Immobilienfonds der Anteil ausländischer Immobilien ist, desto größer ist der steuerfreie Anteil seiner Ausschüttung. Wenn alle Immobilien im Ausland liegen, können 100 % der Ausschüttung steuerfrei sein.

Es gibt mehrere Gründe für diese Steuerbefreiung:

Die Wertsteigerung der Immobilien ist steuerfrei. Gewinne aus Immobilienverkäufen sind bei Einhaltung der zehnjährigen Spekulationsfrist steuerfrei. Mieteinnahmen gehören zu den Einkünften aus Kapitalvermögen und sind zu versteuern. Wenn diese Einkünfte jedoch in Ländern erzielt werden, mit denen die deutsche Regierung ein Doppelbesteuerungsabkommen vereinbart hat, sind sie steuerfrei.

Du wirst nun fragen:

Wo finde ich offene Immobilienfonds mit einer hohen steuerfreien Ausschüttung?

Bei www.onvista.de findest du für jeden Fonds unter der Rubrik 'Anlageschwerpunkte' den Link 'Breakdowns', mit dem du den prozentualen Anteil seiner deutschen und ausländischen Immobilien abrufen kannst. Über diesen Link lässt sich eine Liste von Fonds mit einem hohen Anteil ausländischer Immobilien erstellen. Bei jedem Fonds findest du den Namen und die Telefonnummer der den Fonds verwaltenden Kapitalanlagegesellschaft. Jetzt brauchst du nur noch diese oder deine Hausbank fragen, wie hoch der steuerfreie Anteil der letzten Ausschüttung war.

Auf der Eingangsseite des Fonds findest du :

Unter der Rubrik 'Kennzahlen' den Link 'Performance', mit dem du die Wertentwicklung des Fonds in den letzten 10 Jahren abrufen kannst.

Unter dem Titel 'Stammdaten/Gebühren' das Datum und den Betrag der letzten Ausschüttung sowie unter dem Titel 'Standardkennzahlen' die Sharpe Ratio. Diese setzt die Wertentwicklung des Fonds in Beziehung zu seiner Preisschwankung oder einfacher ausgedrückt: Fonds mit einer hohen Sharpe

Ratio haben ein gutes Rendite - Risiko Verhältnis.
Ein Tipp des Steuerinspektors Zwickl lautet:
Wenn du offene Immobilienfonds über die Börse kaufst, musst du keinen Ausgabeaufschlag zahlen.
Ich erkläre dir jetzt, wie du offene Immobilienfonds über die Börse kaufen kannst:
Du rufst zunächst über www.boerse-stuttgart.de die Homepage der Börse Stuttgart auf. Danach gibst du die Wertpapierkennnummer zum Beispiel des 'Hausinvest Europa' ein: 980701.
Nun siehst du beispielsweise das folgende Kaufangebot:
Geld: 41,69   2385 Stück.
Das bedeutet: Es gibt Käufer, die 2385 Stück zum Geld-Kurs von 41,69 € kaufen wollen. Darunter siehst du beispielsweise das folgende Verkaufsangebot:
Brief: 42,06   2378 Stück.
Das bedeutet: Es gibt Verkäufer, die bereit sind, 2378 Stück zum Brief-Kurs von 42,06 € zu verkaufen. Du kannst den Fonds also in Stuttgart zum Brief-Kurs von 42,06 € kaufen.
Ich rate dir, nun zu prüfen, ob du den Fonds bei einer anderen Börse günstiger bekommst. Über den

Link 'Börsen' kannst du die Brief-Kurse anderer Börsen aufrufen, zum Beispiel :

Frankfurt: 42,13, Hamburg: 42,15, Düsseldorf: 42,15, Berlin: 42,35, München: 42,35.

Da der Brief-Kurs in Stuttgart (42,06) am günstigsten ist, kaufst du den Fonds in Stuttgart.

Deine Anlagesumme beträgt 10 000 €. Davon sind Bank- und Börsengebühren von etwa 1 % abzuziehen. Für die verbleibenden 9900 € kannst du 235 Stück kaufen. Jetzt brauchst du nur noch deine Bank anrufen und ihr den Auftrag erteilen:

"Kaufen Sie bitte über die Börse Stuttgart 235 Stück des offenen Immobilienfonds 'Hausinvest Europa', ISIN DE0009807016, billigst."

Danach erscheint innerhalb kurzer Zeit bei der Börse Stuttgart die Anzeige:

Last: 42,06   235 Stück.

Jetzt weißt du: Dein Auftrag wurde an der Börse Stuttgart ausgeführt.

Zum Schluss kannst du deine Ersparnisse berechnen. Die Differenz zwischen dem Brief-Kurs der Börsen München und Berlin (42,35) und dem Brief-Kurs in Stuttgart (42,06) beträgt für 235 Anteile 68,15 €.

Der Unterschied zwischen dem Brief-Kurs der Börse

Stuttgart (42,06) und dem bei www.onvista.de abrufbaren Ausgabekurs der Fondsgesellschaft (44,07) beträgt für 235 Anteile 472,35 €.

Wie man mit Hilfe der besten Kapitalanlage 'offene Immobilienfonds' die Abgeltungssteuer auf legale Weise umgehen kann, werde ich nun durch zwei Modellrechnungen belegen:

Im März 2008 wurden 2300 Anteile des offenen Immobilienfonds 'Hausinvest Europa' an der Börse gekauft. Der Kaufpreis (Kurs zuzüglich Bank- und Börsengebühren) betrug für einen Anteil 43,67 €, für 2300 Anteile 100 441 €.

Die am 16. Juni 2008 erfolgende Ausschüttung des Fonds betrug für einen Anteil 1,75 €, für 2300 Anteile 4025 € (Bruttobetrag).

Im Jahr 2008 waren bei diesem Fonds rund 60 % der Ausschüttung von der Steuer befreit. Der zinsabschlagpflichtige Ausschüttungsanteil betrug daher 4025 € abzüglich 60 % (2415 €) = 1610 €. Auf diesen Anteil wurde eine Zinsabschlagsteuer von 30 % erhoben. Hierdurch ergab sich ein Steuerbetrag von 483 €. Da dieser Betrag innerhalb des Sparerfreibetrags von 801 € lag, wurde dem Anleger der Bruttobetrag von 4025 € gutgeschrieben.

Ein Tipp des Steuerinspektors Zwickl lautet:

Der beim Kauf gezahlte Zwischengewinn kann innerhalb eines Kalenderjahres mit der Ausschüttung verrechnet werden.

Der beim Kauf gezahlte Zwischengewinn betrug 1276 €. Durch den Abzug dieses Betrags vom zinsabschlagpflichtigen Ausschüttungsanteil (1610 €) ergab sich eine Zwischensumme zur Disposition des Freistellungsbetrags in Höhe von 334 €. Durch den Abzug dieser Zwischensumme vom Sparer-Freibetrag verringerte sich dieser von 801 € auf 467 €.

Nun noch eine zweite Modellrechnung:

Im Oktober 2006 wurden 1750 Anteile des 'Kanamgrundinvest' Fonds (ISIN DE0006791809) gekauft.

Der Kaufpreis betrug für einen Anteil 56,89 €, für 1750 Anteile 99557 €.

Die am 1. Oktober 2007 erfolgende Ausschüttung des Fonds betrug für einen Anteil 2,40 €, für 1750 Anteile 4200 €.

Im Jahr 2007 waren bei diesem Fonds 100 % der Ausschüttung steuerfrei. Von der Bank wurde dem Konto des Anlegers der gesamte Bruttobetrag in Höhe von 4200 € gutgeschrieben. Sein Sparer - Freibetrag blieb unangetastet.

Da sich die Rendite aus Kursgewinnen und Ausschüttung zusammensetzt, konnte der Anleger zusätzlich zur steuerfreien Ausschüttung auch den steuerfreien Kursgewinn einstreichen.

Zusammenfassend stelle ich fest:

Wenn ein Anleger nach dem Muster dieser Modellrechnungen rund 200 000 € anlegte, wurden ihm Ausschüttungen in Höhe von 8225 € gutgeschrieben. Diese konnte er unter dem Dach eines legalen Steuersparmodells einstreichen, ohne 'einen einzigen Cent für den Fiskus zu berappen', wie es Steuerinspektor Zwickl beim Blick auf die deutschen Luxusjachten im Hafen von Monaco formulierte.

Trotz der hohen Anlagesumme von 200 000 € hat er nicht einmal die Hälfte seines Sparer - Freibetrags verbraucht. Den verbliebenen Freibetrag in Höhe von 467 € kann er für weitere steuerfreie Kapitalanlagen in der gleichen Größenordnung nutzen.

Literatur

Ratgeber, Wolfgang: Millionär durch das kleine
                                        Einmaleins der Börse und
                                        die drei besten Aktien -
                                        Strategien
                                        Norderstedt, Verlag
                                        Books on Demand
                                        2007

Fürstenberg, Hans   Carl Fürstenberg Anekdoten
                                         Ein Unterschied muss sein
                                         Econ Verlag
                                         1984